GLI STORIANAUTI

AVVENTURA NELL' ANTICO EGITTO

FRANCES DURKIN E GRACE COOKE

Erickson

Gli Storianauti

Luna

Età: 8 anni
Le piace: la Storia, vivere nuove avventure, gli animali, risolvere rompicapi e raccontare storie
Non le piace: perdersi e i cattivi odori
Colore preferito: il blu
Cibo preferito: fagioli sul pane tostato
Luogo preferito: i castelli

Nani

Età: 7 anni e mezzo
Le piace: le Scienze, la natura, la Matematica, fare giardinaggio, i fiori e andare in esplorazione
Non le piace: le persone che non fanno la raccolta differenziata
Colore preferito: il verde
Cibo preferito: tutta la verdura
Luogo preferito: qualsiasi posto all'aperto, ma soprattutto i boschi

Newton

Età: 10 anni
Gli piace: inventare nuove cose, mangiare, leggere, cucinare e giocare
Non gli piace: avere fame e avere freddo
Colore preferito: il giallo
Cibo preferito: tutto!
Luogo preferito: casa mia

Hero

Età: 5 anni
Gli piace: dormire, essere il gatto di Luna
Non gli piace: bagnarsi
Cibo preferito: il pollo
Luogo preferito: acciambellato sulla poltrona

Indice

Gli Storianauti visitano un museo

È VIETATO:
• MASTICARE CHEWING GUM
• MANGIARE BANANE
• CORRERE
• STARNUTIRE RUMOROSAMENTE
• FARE PUZZLE
• AVERE PIEDI PUZZOLENTI
• L'INGRESSO AI GATTI
OH NO! HERO DEVE ASPETTARE FUORI.
MA STA PIOVENDO!
MI DISPIACE LUNA.
MA...
HERO, ASPETTACI QUI.

Dentro al museo

ALESSANDRIA
Fondata attorno al 331 a.C.
BASSO EGITTO
GIZA
(Sito delle piramidi)
2700-1700 a.C.
IL CAIRO
(Capitale attuale)
FIUME NILO
MENFI
(Men-nefer)
Capitale dal 2613 al 2181 a.C. circa
AMARNA
(Akhetaten)
Capitale dal 1353 al 1332 a.C. circa

Lo sapevi che...?

- Il delta del Nilo è la zona in cui il fiume incontra il Mar Mediterraneo.
- Ogni anno tra giugno e settembre il fiume esonda.
- L'acqua esondata rilascia sostanze nutritive nel terreno e lo rende così adatto all'agricoltura.
- Durante l'Antico Regno la capitale dell'Egitto era Menfi.
- Durante il Medio e il Nuovo Regno la capitale era Tebe.

MI SEMBRA PROPRIO DI VEDERE QUESTE PIANTE CRESCERE NELL'ANTICO EGITTO!
PAPIRO EGIZIANO

Una nuova amica sulle rive del fiume Nilo

La carta dell'antico Egitto

- Gli antichi Egizi hanno ricavato la carta dal papiro a partire dal 4000 a.C. circa.
- Questa pianta può crescere fino a 5 metri.
- Le canne del papiro vengono utilizzate anche per costruire barche, cesti e sandali.
- Anche gli antichi Romani utilizzavano il papiro.
- Nel lungo andare il papiro è stato sostituito dalla pergamena realizzata con la pelle di alcuni animali.

Crea il tuo papiro!

Hai bisogno di:
- carta
- forbici
- colla

1. Immagina che la carta sia una canna di papiro e tagliala a striscioline.

2. Disponi metà delle striscioline una vicina all'altra ben appaiate su un piano orizzontale.

3. Ricopri la faccia superiore di queste striscioline con della colla.

4. Disponi l'altra metà delle striscioline incollandole sopra le precedenti nel verso contrario.

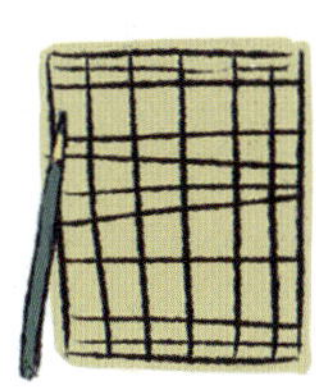

5. Una volta che la colla si sarà asciugata, avrai il tuo foglio di papiro su cui scrivere!

E COSA SCRIVERAI SUL PAPIRO?
UNO DEI MASTRI SCALPELLINI È MORTO E ADESSO LO AIUTEREMO NEL SUO VIAGGIO VERSO L'ALDILÀ.
COSA SIGNIFICA «ALDILÀ»?
TERMINATA LA NOSTRA VITA TERRENA, COMINCIAMO IL VIAGGIO VERSO UN'ALTRA VITA ANCORA PIÙ STRAORDINARIA.
E IN CHE MODO PUÒ AIUTARE IL PAPIRO?
MIO MARITO È UNO SCRIBA E SCRIVERÀ SUL PAPIRO LE PAROLE MAGICHE DEL LIBRO DEI MORTI.
SEI ANCHE TU UNA SCRIBA?
NO, IO MI CHIAMO TIA E SONO UNA SACERDOTESSA DEL TEMPIO. VI PIACEREBBE VISITARLO?
SÌ, VOLENTIERI!
ALLORA VENITE CON ME, VI MOSTRERÒ DOVE ABITO.

Le stagioni dell'antico Egitto

- **Akhet** (da giugno a settembre) è la stagione in cui il Nilo esonda.
- **Peret** (da ottobre a febbraio) è la stagione in cui le acque del Nilo si ritirano e la terra può essere arata e seminata.
- **Shemu** (da marzo a maggio) è la stagione in cui i contadini possono effettuare il raccolto.

Il calendario e le stagioni

Crea una meridiana!

Hai bisogno di:
- cartoncino
- forbici
- colla
- bussola

1. Copia il modello che trovi nella prossima pagina su un cartoncino e poi ritaglialo.

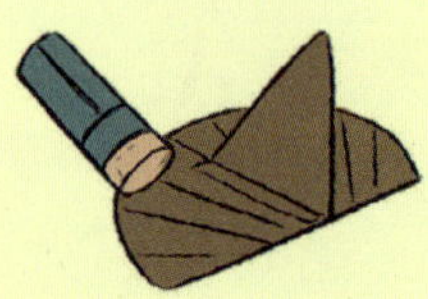

2. Incolla lo «gnomone» (il triangolo) sulla linea indicata al centro, incollando solo la linguetta tratteggiata.

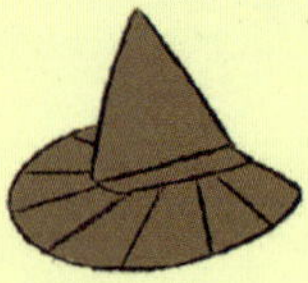

3. Lo gnomone dovrebbe rimanere ben saldo sulla sua base.

4. Quando splende il sole, porta all'esterno la meridiana.

5. Utilizzando la bussola, trova il Nord e allinea la freccia segnata sulla base della meridiana alla lancetta della bussola.

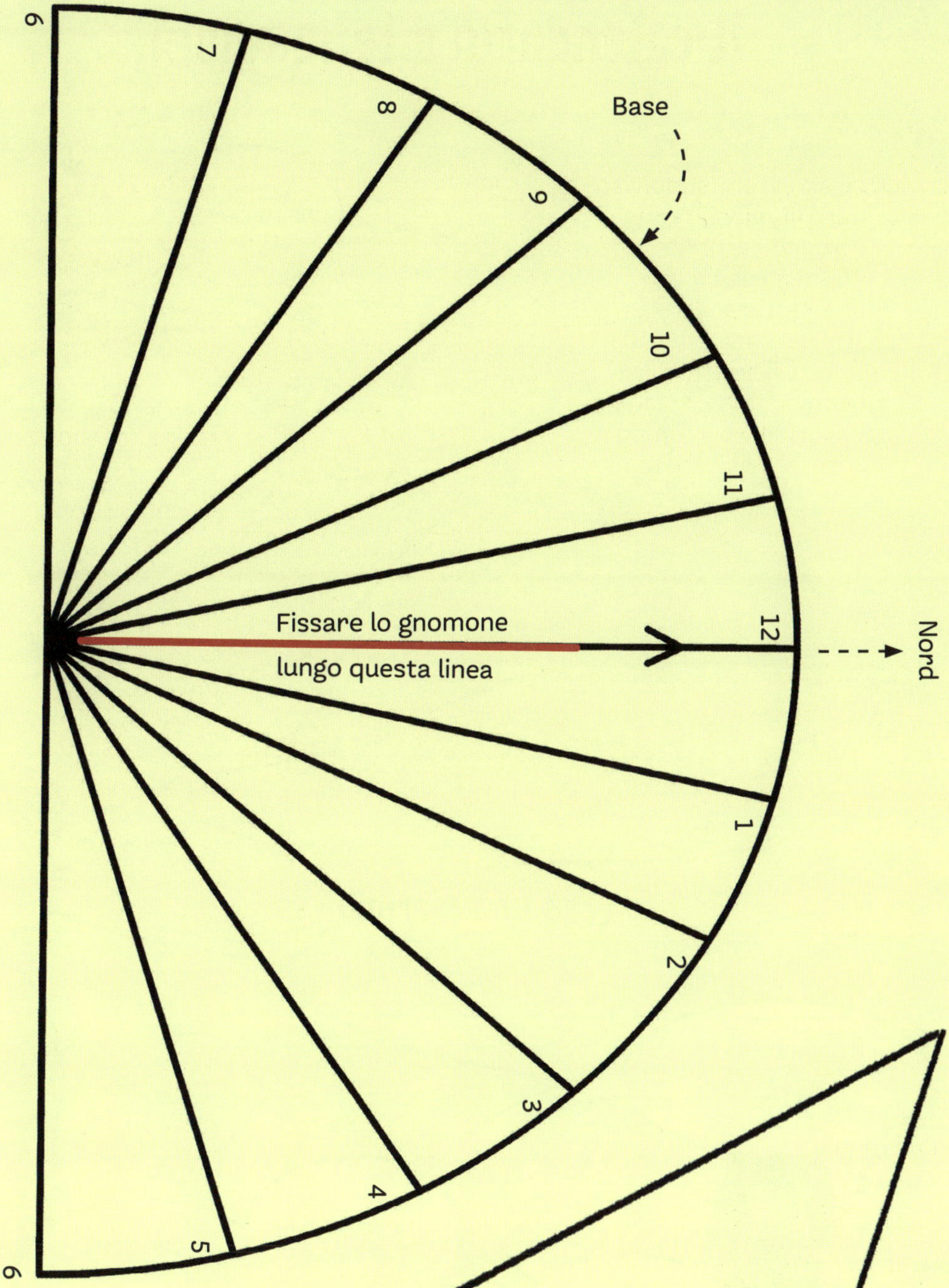

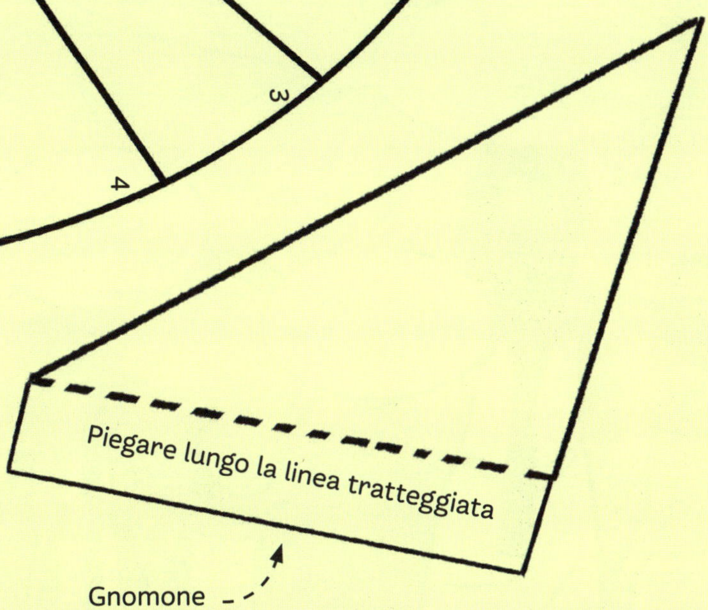

6. Appena l'ombra si allinea su un numero, puoi dire che ore sono.

BENVENUTI NELLA VALLE DEI RE.
I RE SONO ALL'INTERNO DI QUEI TUMULI.
SONO STATI SEPOLTI PER COMPIERE IL VIAGGIO VERSO L'ALDILÀ.
IO NON VEDO NESSUN RE... DOVE SONO?
CHE PECCATO.... IO AVREI TANTO VOLUTO VEDERE UN RE!

Le persone chiamate «faraoni» comandano nell'antico Egitto. Quando un faraone muore, viene sepolto all'interno di una tomba nascosta. Al suo interno, viene riposto tutto ciò che al defunto può servire nella sua vita nell'aldilà. I faraoni vengono sepolti assieme alle loro ricchezze che renderanno lussuosa la loro vita ultraterrena.
È PER QUESTO MOTIVO CHE CI SONO LE GUARDIE?
METTONO DAVVERO PAURA!
SÌ, LORO BLOCCANO I LADRI CHE VOGLIONO RUBARE NELLE TOMBE.

A proposito di piramidi...

- Le piramidi sono monumenti straordinari a forma triangolare.
- Sono costruite con pesanti blocchi di roccia arenaria. Le più famose si trovano in un luogo chiamato Giza.
- Non sono gli schiavi a costruire le piramidi. Le costruiscono infatti i contadini, che vengono pagati per il loro lavoro nella stagione in cui il Nilo esonda nei campi.
- È un lavoro davvero faticoso, ma le persone sono convinte di lavorare per fare un piacere al faraone.
- Le piramidi sono veramente enormi e sono facilmente visibili dai ladri anche da una grande distanza.
- Tutti sanno che queste tombe contengono oro e ricchezze, quindi i ladri sanno bene dove andare a cercare.
- I ladri hanno cominciato a introdursi nelle piramidi e a rubare i tesori.

Adesso noi seppelliamo i faraoni all'interno di tombe qui, nella Valle dei Re. Queste sepolture sono segrete e le persone che le realizzano vivono in un villaggio qui vicino. Noi chiamiamo questo villaggio Set Maat, che significa «Il luogo della Verità». È da centinaia di anni che costruiamo qui le tombe e molte generazioni hanno lavorato alla loro realizzazione. Mio nonno era l'artigiano che ha dipinto la maschera funebre del faraone Tutankhamen.

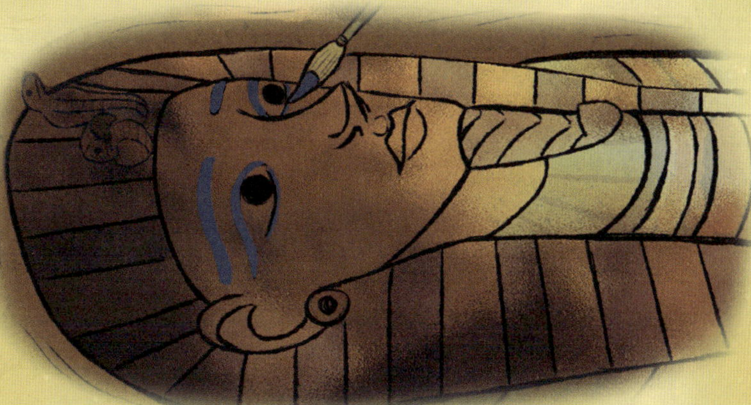

Il segreto di Set Maat

Trova la strada attraverso il labirinto, ma fai attenzione agli ostacoli!

Ingresso alla città

SONO QUI LE MUMMIE, TIA?
CE L'ABBIAMO FATTA! ABBIAMO BATTUTO LE GUARDIE! ACCIDENTI PERÒ CHE RUMORE E CHE CONFUSIONE C'È IN QUESTO POSTO!

Set Maat

- In questo villaggio abita circa un centinaio di persone.
- Le persone che vivono qui lavorano alle tombe della Valle dei Re.
- Gli artigiani sono scalpellini, carpentieri, vasai, cestai e artisti.
- Alcune persone realizzano all'interno delle loro case gli oggetti destinati alle tombe.
- Altri gruppi di lavoratori vanno nella valle per costruire e decorare le tombe.
- I lavoratori sono divisi in due gruppi che lavorano contemporaneamente ai due lati opposti dei muri delle sepolture.
- Il loro salario è una razione di acqua, olio, birra, grano, legna da ardere, vestiti e vasellame.
- La settimana lavorativa è composta da otto giorni seguiti da due di riposo.
- Nei giorni liberi possono lavorare alla realizzazione delle proprie sepolture e possono sfruttare le loro abilità per guadagnare altro denaro.

Gli artigiani di Set Maat

CI DISPIACE TANTISSIMO!
NON PREOCCUPATEVI, I GATTI SONO SPECIALI QUI. SONO COME DELLE DIVINITÀ PER NOI.
SE A LUI NON SONO PIACIUTE QUELLE STATUE, SIGNIFICA CHE DEVO COSTRUIRNE ALTRE PIÙ BELLE.
POSSIAMO ESSERTI D'AIUTO?
POSSO USARE IL TUO GATTO COME MODELLO PER LE MIE PROSSIME SCULTURE?
OH, HERO! SEI UN MODELLO! CERTO CHE PUOI!
MI SEI STATO PROPRIO D'AIUTO. DOVRESTE VISITARE IL MIO COLLEGA CHE SI OCCUPA DELLA REALIZZAZIONE DELLE MASCHERE NELLA BOTTEGA QUI ACCANTO.

Il fabbricante di maschere

- I faraoni sepolti nella Valle dei Re indossano delle maschere mortuarie.
- Queste maschere regali sono realizzate con metalli preziosi come l'oro e il bronzo.
- Le persone più povere indossano invece maschere in **cartonnage,** fatte con il lino o il papiro immerso nell'acqua e poi essiccato all'interno di uno stampo di legno.
- I sacerdoti del tempio indossano maschere rituali in cartonnage che assomigliano alle teste di animali delle divinità dell'antico Egitto.

QUESTO È IL LABORATORIO DELL'ORAFO. DEVO RITIRARE LA MIA NUOVA COLLANA.

- Gli antichi Egizi indossano orecchini, anelli, collane, braccialetti, bracciali e cavigliere.
- Gli orafi utilizzano rame, oro e pietre preziose come smeraldi, perle, quarzo, granati e lapislazzuli per le loro opere.
- Gli Egizi realizzano inoltre perline di vetro impastando quarzo macinato che viene mescolato con sostanze chimiche e scaldato per essere poi modellato nella forma desiderata.

Crea la tua collana egizia

Hai bisogno di:

- cartoncino
- un piatto grande
- un piattino
- forbici
- colla
- decorazioni per la collana: ad esempio perline, conchiglie, pasta, colori

1. Traccia un cerchio appoggiando il piatto grande sul cartoncino e seguendone il contorno.

2. Appoggia il piattino all'interno del cerchio tracciato con il piatto grande, ma spostato più verso la parte alta come mostrato nell'immagine, e segna il nuovo contorno.

3. Ritaglia i due cerchi e taglia poi una piccola striscia nel lato sottile, in modo da poter infilare la collana al collo.

4. Ecco la tua collana che potrai decorare come desideri.

Un'antica casa egizia

A casa nell'antico Egitto

- Gli antichi Egizi costruiscono le loro abitazioni con mattoni di fango.
- Molte delle case a Set Maat hanno un altare e un laboratorio.
- Le case hanno anche una cantina sotterranea per conservare il cibo al fresco.
- Le cucine hanno un forno a cupola per cucinare.

- Non ci sono bagni all'interno delle case di Set Maat. Gli abitanti escono e utilizzano uno sgabello forato con sotto un vaso di ceramica.

- Al posto del cuscino, gli antichi Egizi utilizzano un poggiatesta. In una stessa stanza sono posizionati più letti.

- Le abitazioni sono illuminate da lampade che normalmente bruciano olio di oliva.

SENU, ABBIAMO OSPITI.
RAGAZZI, DOBBIAMO TOGLIERCI LE SCARPE!
BENVENUTI NELLA NOSTRA CASA. ENTRATE!
GRAZIE!
TIA CI HA DETTO CHE SEI UNO SCRIBA. MA COSA SIGNIFICA?
SIGNIFICA CHE IL SUO LAVORO È QUELLO DI LEGGERE E SCRIVERE.
PROPRIO COSÌ. MOLTO BENE!
STAI SCRIVENDO QUALCOSA IN QUESTO MOMENTO?
SÌ, VUOI PROVARE ANCHE TU?

I geroglifici

La nostra scrittura è composta da geroglifici e il nostro alfabeto possiede oltre 700 caratteri diversi. Non esiste la punteggiatura e scriviamo alle volte da sinistra verso destra, altre volte da destra verso sinistra, dall'alto verso il basso o dal basso verso l'alto.
Puoi capire il senso di lettura verificando l'orientamento del muso degli animali.
Scriviamo su papiro con penne fatte di canna. Affiliamo la canna e la immergiamo nell'inchiostro composto da sostanze di origine vegetale mescolate all'olio o al miele.

Cielo		**Mano**	
Acqua		**Sole**	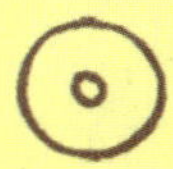
Occhio		**Casa**	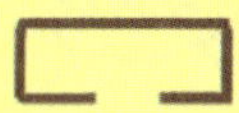
Piede		**Scarabeo**	
Toro		**Gufo**	

Gli antichi Egizi utilizzano dei simboli per rappresentare i suoni della lingua parlata, proprio come avviene per il nostro alfabeto. Noi chiamiamo questi simboli fonogrammi.

Un simbolo che rappresenta un'intera parola o una frase è chiamato logogramma.

Gli antichi Egizi non scrivono i suoni delle vocali, quindi è difficile sapere come pronunciano esattamente le parole.

L'alfabeto geroglifico riportato in questa pagina mostra i fonogrammi egizi simili all'alfabeto che conosci anche tu.

Usa questo alfabeto per scrivere il tuo nome. Puoi utilizzare questo codice per scrivere messaggi segreti ai tuoi amici.

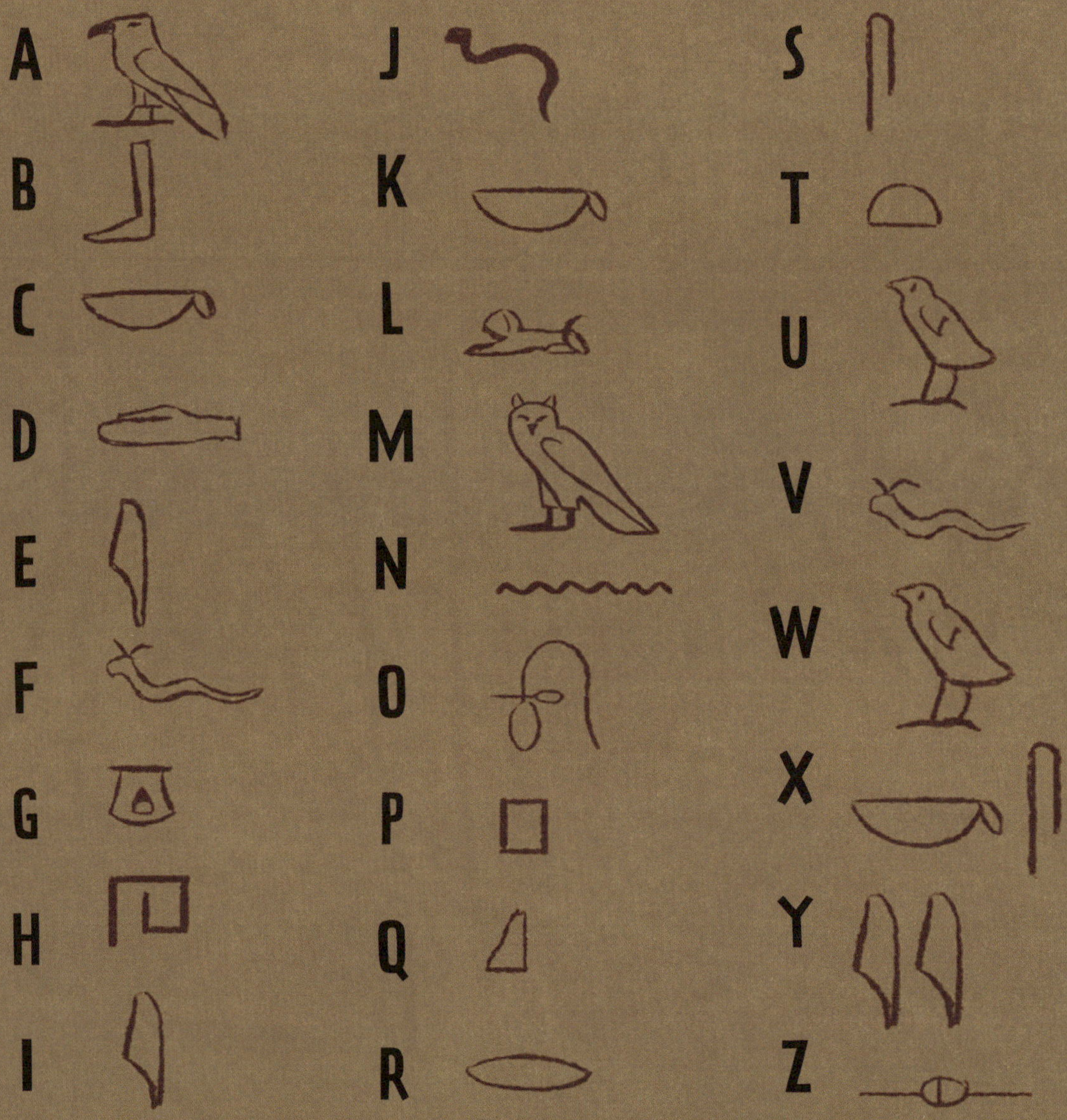

**Traduci questa pagina: cosa c'è scritto?
Non dimenticare di leggere nella direzione
verso cui sono orientati gli animali.**

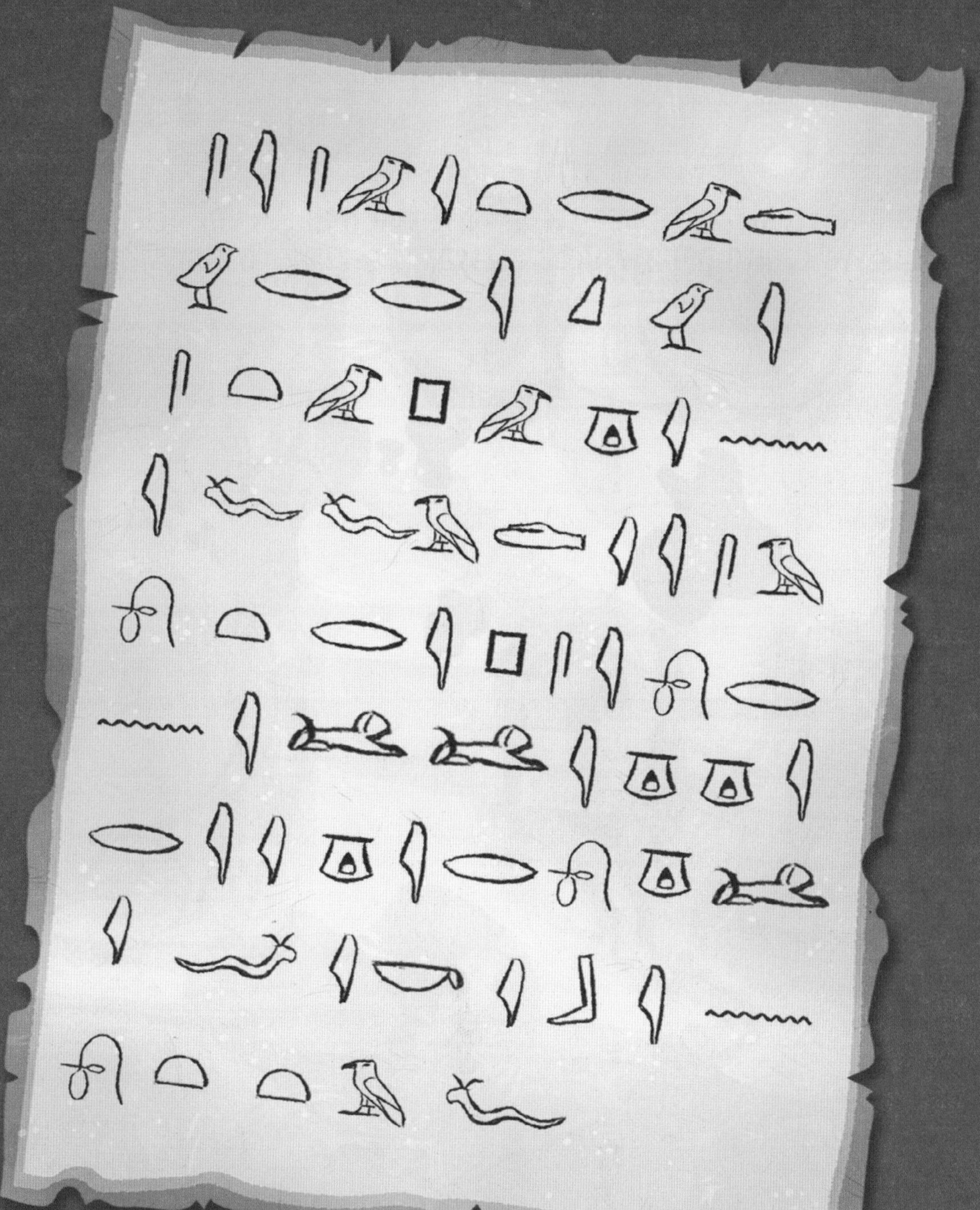

SARESTE TUTTI DEGLI OTTIMI SCRIBI!
ADESSO... CHI HA FAME?
IO!
MA TU HAI SEMPRE FAME!

L'alimentazione degli antichi Egizi

Gli antichi Egizi mangiano molti cibi che probabilmente conosci: lenticchie, pane azimo, aglio, lattuga, olive, mandorle, melagrane, datteri, miele, uova, pesce e carne. Bevono acqua, latte, vino e birra e talvolta, in occasioni speciali, mangiano uova di struzzo.

Ricetta per il pane azimo egizio

Ingredienti

- 300 ml di acqua tiepida
- 25 g di lievito fresco
- 500 g di farina di farro
- 1/2 cucchiaino di sale

Mescola assieme il lievito e l'acqua in una ciotola.

Aggiungi poco alla volta la farina e il sale e componi un impasto.

Copri con un canovaccio bagnato l'impasto e lascialo riposare fino a che le sue dimensioni non raddoppino.

Preriscalda il forno a 200° C (180° C in forno ventilato).

Fatti aiutare da un adulto mentre utilizzi il forno.

Spargi un po' di farina sulla superficie di lavoro e versa il composto.

Dividi l'impasto in otto pagnotte e appiattiscile (devono avere uno spessore di circa 1 cm).

Inforna il tutto e lascia cuocere per 10 minuti.

Lascia raffreddare.

Buon appetito!

Ricetta per i dolcetti allo zigolo dolce

Questa ricetta è stata trovata scritta su un frammento di una ciotola datata 1600 a.C.

Ingredienti

- 400 g di datteri freschi denocciolati
- 2 cucchiai di acqua
- 2 cucchiai di cannella in polvere
- 1/2 cucchiaino di cardamomo in polvere
- 4 cucchiai di noci tritate grossolanamente
- Miele liquido
- 4 cucchiai di mandorle tritate finemente

Fai ammorbidire i datteri nell'acqua e poi aggiungi la cannella, il cardamomo e le noci.

Mescola assieme gli ingredienti e forma delle palline.

Ricoprile con il miele e falle poi rotolare nelle mandorle tritate.

Riponile nel frigo a raffreddare per circa un'ora.

Gnam!

Sapevi che...?

Gli antichi Egizi mangiano con le mani e immergono le dita in una bacinella piena d'acqua per lavarsele.
Si siedono a terra su un tappetino attorno a una ciotola con il cibo e a turno vi intingono un pezzetto di pane. Quando la ciotola è vuota, ne viene portata un'altra per la gioia dei commensali.

Come si gioca a Senet

Avrai bisogno di:

- 14 pedine (7 di un colore, 7 di un altro)
- 4 bastoncini da lanciare, ciascuno con una faccia al naturale e l'altra colorata (puoi utilizzare i bastoncini del lecca-lecca o delle strisce di carta)

Quattro bastoncini bianchi/decorati: 5 punti	Tre bastoncini bianchi: 3 punti	Due bastoncini bianchi: 2 punti	Un bastoncino bianco: 1 punto

- Posiziona sulle prime 14 caselle della scacchiera le pedine alternando i colori.
- Ciascun giocatore, a turno, lancia contemporaneamente i 4 bastoncini.
- Sposta quindi una pedina in base al punteggio ottenuto.
- Se arrivi su una casella già occupata da una pedina del tuo avversario, invertite i posti delle due pedine.
- Se arrivi su una casella già occupata da una tua pedina, lancia nuovamente i bastoncini.
- La casella 15 è chiamata *La Casa della Rinascita* ed è la casella di partenza.
- La casella 26 è chiamata *La Casa della Felicità.* Non puoi saltare questa casella e devi riuscire a fare il punteggio giusto per raggiungerla prima di andare avanti.
- La casella 27 è chiamata *La Casa dell'Acqua.* Se arrivi su questa casella devi tornare alla 15.
- La casella 28 è chiamata *La Casa delle Tre Verità.* Puoi lasciare questa casella solo se riesci a fare un punteggio pari a 3.
- La casella 29 è chiamata *La Casa di Re-Atoum.* Puoi lasciare questa casella solo se riesci a fare un punteggio pari a 2.

Vince il primo che riesce a portare all'esterno della scacchiera tutte le proprie pedine.

1
2
3
4
5
6
7
8
9
10
11
12
13
14
15
16
17
18
19
20
21
22
23
24
25
26
27
28
29
30

Salvare le apparenze

- Gli antichi Egizi sono molto orgogliosi del loro aspetto.
- Uomini e donne si truccano per rimarcare il loro stato sociale.
- Creano i cosmetici macinando assieme diversi minerali e pigmenti.
- Il **kohl** è un cosmetico molto popolare per truccarsi di nero gli occhi.
- Gli antichi Egizi si dipingono le guance e le labbra con un pigmento rossastro chiamato *ocra*.
- Gli antichi Egizi si tingono i capelli e le unghie con un pigmento chiamato *hennè*.

Più di quello che sembra

- Il trucco non è importante solo per un fattore estetico ma anche per motivi legati alla salute e alla magia.
- Si crede che il **kohl** sia utile per proteggere gli occhi dal sole, dalle infezioni e dagli insetti.
- Si crede che il trucco verde per gli occhi venga utilizzato come simbolo del Dio del Cielo e del Sole, Horus.
- Nell'antico Egitto ci sono i dottori e le persone prendono le medicine quando sono ammalate.
- Questi medicinali sono realizzati con erbe, oli ed estratti vegetali.

Adorazione al tempio di Hathor

Nella casa della dea

In Egitto i templi sono concepiti come case per le divinità. Ciascun tempio è dedicato a una specifica divinità e al suo interno c'è una stanza chiamata santuario. Nel santuario c'è un altare con una porta e dietro di essa è collocata una statua del dio. Ogni giorno i sacerdoti e le sacerdotesse del tempio compiono i riti presso l'altare del dio.

I riti

- I fedeli portano del cibo in offerta per il dio del tempio.
- I cerimoniali nel tempio si svolgono tutti i giorni.
- Oltre alle cerimonie quotidiane, ci sono anche quelle che ricorrono in un particolare periodo dell'anno.
- Alcuni templi ospitano anche animali sacri.
- Qualche volta la mucca rappresenta la dea Hathor.

Le divinità egizie

Iside

Chi è:
Dea della natura e della magia

Caratteristiche fisiche:
Copricapo simile a un trono

Moglie di Osiride e madre di Horus

Ra

Chi è:
Dio del Sole

Caratteristiche fisiche:
Testa di un falco e disco solare

Si credeva che Ra venisse inghiottito dalle divinità del cielo ogni notte e rinascesse ogni mattina

Osiride

Chi è:
Dio dell'oltretomba e della morte

Caratteristiche fisiche:
Copricapo a cono (atef) con piume. Tiene in mano uno scettro a uncino e un flagello

Osiride venne ucciso dal fratello Set e divenne il signore dell'oltretomba

Anubi

Chi è:
Dio della mummificazione

Caratteristiche fisiche:
Testa di uno sciacallo

Conduce il defunto nell'aldilà

- Ci sono più di duemila divinità nell'antico Egitto.
- Gli Egizi credono che i faraoni siano divinità viventi.

Bastet

Chi è:
Dea della protezione
Caratteristiche fisiche:
Testa di un gatto

Secondo la tradizione, protettrice del faraone

Horus

Chi è:
Dio del cielo
Caratteristiche fisiche:
Testa di un falcone

Si credeva che il faraone fosse la reincarnazione di Horus

Hathor

Chi è:
Dea della musica, dell'amore e della gioia
Caratteristiche fisiche:
Corna di mucca e disco solare

Ad Hathor erano dedicate più manifestazioni che alle altre divinità

Thoth

Chi è:
Dio della saggezza, della scrittura e della conoscenza
Caratteristiche fisiche:
Testa di un ibis

Gli antichi Egizi credevano che i geroglifici fossero stati donati loro da Thoth

Amun

Chi è:
Dio della creazione
Caratteristiche fisiche:
Testa di un ariete

Il re delle divinità

Sobek

Chi è:
Dio dei corsi d'acqua
Caratteristiche fisiche:
Testa di un coccodrillo

Nei templi dedicati a Sobek c'erano spesso dei coccodrilli vivi che, dopo la loro morte, venivano mummificati dai sacerdoti e dalle sacerdotesse

- Le divinità maschili hanno la carnagione scura perché trascorrono il loro tempo all'aria aperta.
- Le divinità femminili hanno la carnagione chiara perché trascorrono il loro tempo al chiuso.

Le divinità Osiride e Iside governavano assieme sull'Egitto. Ebbero un figlio di nome Horus. Erano molto felici e tutto l'Egitto cresceva ricco e prosperoso. Set, il fratello di Osiride, divenne molto geloso di tutto il potere e il successo del fratello. Un giorno Set ingannò Osiride facendolo saltare all'interno di una cesta che lui chiuse bene e che gettò poi nel Nilo.
Iside pianse per la perdita del marito e si spaventò a tal punto da prendere il figlio e fuggire. Era davvero preoccupata che il marito non venisse sepolto con un'adeguata cerimonia funebre e non potesse raggiungere l'aldilà.
Vagò quindi per moltissimo tempo alla ricerca del marito finché non trovò la cesta, ma Set lo scoprì e si infuriò. Questa volta ruppe in quattordici pezzi la cesta e li disseminò per l'intero Egitto. Iside riprese allora la sua ricerca e ogni volta che trovava un pezzo del corpo del marito, faceva svolgere immediatamente i riti funebri. Una volta recuperati tutti i quattordici pezzi, Osiride poté finalmente compiere il suo viaggio nell'aldilà dove divenne il dio dell'oltretomba.
Quando il figlio Horus crebbe, diventò così potente che uccise Set e divenne il nuovo faraone d'Egitto. Si dice che, dopo la sua morte, Horus abbia continuato la sua battaglia contro Set nell'oltretomba: una volta vinta la battaglia, Osiride potrà finalmente tornare sulla terra dei vivi ed essere nuovamente faraone.

Il lavoro dei sacerdoti consiste nello svolgere quotidianamente dei rituali per celebrare le divinità. Inoltre controllano le ore del giorno e i movimenti delle stelle per decidere quando è il momento migliore per seminare le colture. Io sono una delle sacerdotesse e suono e canto durante le cerimonie.

Tamburo a cornice

I tamburi vengono utilizzati sia per scopi militari sia religiosi. I tamburi a cornice sono rotondi e vengono tenuti in una mano mentre vengono percossi dall'altra.

Menit

Il menit è una collana cerimoniale che gli Egizi utilizzano come strumento a percussione. Quando viene scosso, emette un suono tipo sonaglio.

Flauti

Gli antichi Egizi costruiscono i flauti a partire da lunghe canne. Loro suonano attraverso la cima della canna e utilizzano dei fori per le dita per produrre note differenti.

Tamburi a barile

I tamburi a barile vengono indossati e percossi con entrambe le mani. Non ci sono testimonianze sull'uso di bacchette da parte degli antichi Egizi.

Sistro

Sistro significa «oggetto scosso». Questo è uno strumento sacro che viene scosso per fare rumore.

- La musica è molto importante per gli antichi Egizi.
- Loro suonano molti tipi di strumenti diversi.
- La musica era parte dei rituali religiosi e dei momenti di preghiera.
- La musica era talvolta utilizzata nelle formule magiche **(heka)**.
- I soldati suonano tamburi e trombe.

Sheneb

Gli antichi Egizi suonano trombe di metallo chiamate sheneb. Queste sono fatte di argento o bronzo e sono decorate con motivi variopinti. Due sheneb sono stati ritrovati nella tomba del Re Tutankhamen.

Bacchette

Le bacchette sono realizzate in legno, avorio o osso e vengono percosse l'una contro l'altra per produrre il suono. Molte hanno la forma di una mano. Sono gli strumenti egizi più antichi a noi noti e risalgono al 3000 a.C.

Arpa

L'arpa è uno strumento a corde che si suona pizzicando le corde. L'arpa può avere diverse forme e dimensioni.

CIAO SENU!
CIAO, HO FINITO DI SCRIVERE IL LIBRO DEI MORTI PER IL FUNERALE.
POSSIAMO VEDERLO?

Antiche credenze

- Il Libro dei Morti è una collazione di formule magiche che aiutano il defunto a passare attraverso l'oltretomba per raggiungere l'aldilà.
- È stato composto attorno al 1700 a.C. a Tebe.
- Il libro ha 200 capitoli.
- Prima di essere scritte su un papiro, le formule vengono scritte sulle pareti delle tombe e dei sarcofagi (le bare).

Hero incontra una mummia

- Tre persone prendono parte al processo di imbalsamazione: lo scriba, l'incisore e l'imbalsamatore.
- Lo scriba supervisiona l'incisore.
- L'incisore seziona il corpo: questo lavoro è considerato sporco, quindi viene svolto da un membro delle classi più basse.
- L'imbalsamatore è una sorta di sacerdote che veste come il dio Anubi per procedere alla mummificazione.

UNA VOLTA CHE IL CORPO È PULITO, L'IMBALSAMATORE UTILIZZA UN LUNGO UNCINO PER RIMUOVERE IL CERVELLO ATTRAVERSO IL NASO.
POI L'INCISORE INCIDE IL PETTO ED ESTRAE GLI ORGANI INTERNI... ECCETTO IL CUORE.
È VERAMENTE DISGUSTOSO, LUNA!
GLI ORGANI VENGONO RIPOSTI ALL'INTERNO DI QUATTRO VASI CANOPI CHE HANNO SOLITAMENTE LE SEMBIANZE DI QUATTRO DIVINITÀ.
Hapi, il dio con la testa da babbuino, contiene i polmoni.
Qebehsenuef ha la testa da falcone e contiene gli intestini.
Imset ha la testa umana e contiene il fegato.
Lo stomaco è contenuto nel vaso di **Duamutef** con la testa da sciacallo.

- Trascorsi quaranta giorni, il bicarbonato di sodio viene lavato via e il corpo viene riempito con segatura, sale o lino. Viene poi ricucito e vengono inseriti dei finti occhi.

Tipologie di amuleti

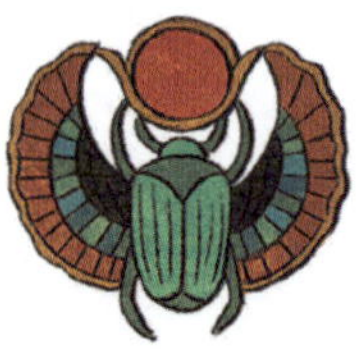

Scarabeo

simbolo di resurrezione, trasformazione e protezione

Loto

simbolo del sole, creazione e rinascita

Ankh

simbolo di vita eterna

Colonna Djed

(amuleto di Tet) simbolo di stabilità e protezione

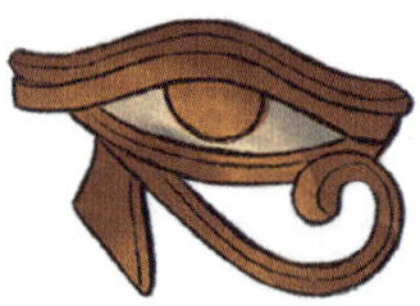

Occhio di Horus

protegge e tiene lontano il male

Iside alata

la dea della rinascita

Cerchio di Uroboro

rappresenta il rinnovamento e l'unità

- Un sarcofago è fatto di canne, ceramica, legno o metallo ed è decorato con smalto e preziosi gioielli.
- Il viso della persona defunta è raffigurato sulla parte frontale del sarcofago.
- Le bare sono decorate con geroglifici di versi magici tratti dal Libro dei Morti.
- Il sarcofago del Re Tutankhamen contiene altri tre sarcofagi.

ASPETTA! QUELLO È HERO!
FERMO! QUELLO È IL NOSTRO GATTO!

HERO, CHE COSA È SUCCESSO?
È VOSTRO? MI SPIACE, STAVO PORTANDO QUESTE OFFERTE AL TEMPIO.
OFFERTE?
SÌ, PORTIAMO IN OFFERTA ANIMALI MUMMIFICATI AGLI ALTARI DELLE DIVINITÀ.
HERO STAVA QUASI PER ESSERE DONATO AGLI DEI?!
LE PERSONE COMPRANO DA ME ANIMALI MUMMIFICATI PER COMPIACERE IL LORO DIO PREFERITO.
È DAVVERO STRANA QUESTA COSA... SONO FELICE DI AVERTI SALVATO, HERO!
SIETE PRONTI PER LA PROCESSIONE FUNEBRE ALLA TOMBA?
CREDO DI SÌ...

La processione verso l'aldilà

- La mummia è portata in processione alla tomba.
- Musici, danzatori e sacerdoti seguono la mummia.
- Alle volte vengono pagate delle persone perché piangano disperatamente mentre seguono il feretro.
- Alcuni cortei funebri percorrono il fiume Nilo su una nave.

Riesci a trovare questi oggetti all'interno di questa scena affollata?

5 scarabei

5 ankh

3 sistri

1 scettro

2 poggiatesta

3 statue di gatti

La cerimonia dell'apertura della bocca

- Gli Egizi credono che il defunto abbia bisogno di mangiare e bere nell'aldilà.
- Questa cerimonia fa sì che egli possa prendere cibo e acqua.
- Ci sono 75 passaggi in questo rito.
- Il sacerdote tocca la bocca della mummia con differenti strumenti.

Quelli sono **shabti,** i servi che svolgono i lavori per il defunto nell'aldilà. Sono fatti di argilla, legno, cera, pietra, terracotta e anche vetro. Alcuni di loro hanno la forma di una mummia e riportano delle formule magiche. Altri sono fatti con gli strumenti che serviranno per il lavoro, ad esempio ceste e attrezzi per l'agricoltura.

Progetta uno shabti

Disegna il tuo shabti.

Di quali strumenti avrà bisogno per svolgere il lavoro al tuo posto?

La pesatura del cuore

È SEMPRE MOLTO IMPORTANTE SVOLGERE BUONE AZIONI.
EH SÌ, ALTRIMENTI IL COCCODRILLO TI MANGERÀ!

Dove tutto ebbe inizio

WOW! È STATO STRAORDINARIO!
IO VOGLIO TORNARE A VISITARE LE PIRAMIDI!
IO VOGLIO GIOCARE DI NUOVO A SENET!

Quiz

1. Quali di questi sono un tipo di vaso utilizzato per contenere gli organi durante la mummificazione?

a) Al cioccolato
b) Canopi
c) Criptici

2. Chi è il dio dell'oltretomba?

a) Osiride
b) Ra
c) Iside

3. Quale fiume scorre al centro dell'Egitto?

a) Il Tamigi
b) Il Nilo
c) Il Giordano

4. Come si chiama il trucco nero utilizzato per dipingere gli occhi?

a) Kohl
b) Ankh
c) Menit

5. Dov'era la capitale d'Egitto durante il Nuovo Regno?

a) Tebe
b) Menfi
c) Il Cairo

6. Come si chiamano i re egizi?

a) Baroni
b) Sultani
c) Faraoni

7. Con cosa veniva pesato il cuore durante la cerimonia della Pesatura del cuore?

a) Uno scarabeo
b) Uno piuma
c) Un sandalo

8. Per cos'era utilizzato il papiro?

a) Fare la carta
b) Fare omelette
c) Fare palloncini

Soluzioni

pp. 22-23

pp. 36-37

SESAITRAD
URREQUE
STAPAGIN
EVVADIESA
OTREPSEOR
NELLEGGE
REIGEROGL
IFICIBEN
OTTAF

SE SAI
TRADURRE
QUESTA PAGINA
SEI DAVVERO
ESPERTO NEL
LEGGERE I
GEROGLIFICI
BEN FATTO

pp. 66-67

p. 75

1. b) Canopi
2. a) Osiride
3. b) Il Nilo
4. a) Kohl
5. a) Tebe
6. c) Faraoni
7. b) Una piuma
8. a) Fare la carta

Glossario

Akhet
La stagione da giugno a settembre

Amuleto
Un gioiello portafortuna

Ankh
Un simbolo che significa «vita»

Archeologia
Lo studio di antichi oggetti e luoghi

Ascia
Uno strumento da taglio per il legno

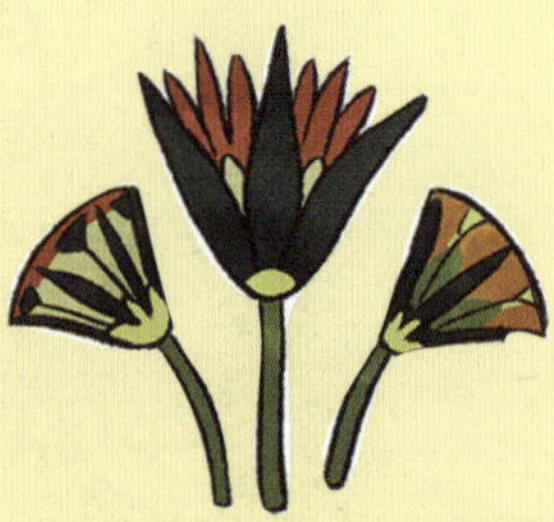

Bicarbonato di sodio
Il sale utilizzato per la mummificazione

Cartonnage
Un materiale composto da lino o papiro che veniva modellato per creare delle maschere

Faraone
Il sovrano dell'antico Egitto

Geroglifici
L'antica scrittura egizia

Hennè
Una tinta estratta dalle piante chiamata anche henna

Incensiere
Un bruciatore di incensi

Kohl
Un trucco nero per gli occhi

Menit
Uno strumento musicale

Ocra
Un minerale rosso utilizzato nel trucco

Papiro
La pianta utilizzata per fare la carta

Peret
La stagione da ottobre a febbraio

Peseshkaf
Un coltello con la lama biforcuta

Piramide
Una sepoltura a base triangolare

Sarcofago
Una bara decorata

Scettro
Un bastone ornamentale

Shabti
Una statuetta che dovrebbe occuparsi dei lavori per il defunto nell'aldilà

Shemu
La stagione da marzo a maggio

Sheneb
Una tromba in argento o oro

Sistro
Strumento musicale

Stele
Un monumento in pietra con incisioni

Sudario
Telo che copriva il corpo del defunto

Tomba
Il luogo in cui vengono sepolti i cadaveri

Vaso canopo
Un vaso in cui venivano riposti gli organi durante la mummificazione

L'autrice e l'illustratrice

Trova l'autrice e l'illustratrice nascoste tra le pagine del libro!

Frances è una storica e un'appassionata visitatrice di castelli. È facile trovarla nelle biblioteche sommersa da libri che non riesce ad aspettare di leggere.

Le piace: i libri, le vacanze, le tempeste, i treni e il teatro

Non le piace: pulire i piatti

Colore preferito: il viola

Cibo preferito: pesce e patatine

Luogo preferito: le biblioteche e i castelli

Grace è un'illustratrice e animatrice. Ha due cani, Muffin e Kodie-bear, e ama andare in esplorazione in loro compagnia.

Le piace: le avventure, l'oceano, le luci di Natale, le olive e gli animali

Non le piace: avere i calzini bagnati

Colore preferito: il turchese

Cibo preferito: il crumble di mele

Luogo preferito: i boschi e gli spazi aperti

EDITING **SILVIA LARENTIS** TRADUZIONE **SERENA LARENTIS** CONSULENZA LINGUISTICA **SARAH JEAN ARBIA**
IMPAGINAZIONE **FRANCESCA GOTTARDI** ILLUSTRAZIONI DI INTERNI E COPERTINA **GRACE COOKE**
DIREZIONE ARTISTICA **GIORDANO PACENZA** E **SAMUELE PROSSER**

Via del Pioppeto 24, 38121 (TRENTO) - www.erickson.it
Tel. 0461 951500 - N. verde 800 844052 - Fax 0461 950698
ISBN: 978-88-590-1871-1

Titolo originale
AN EGYPTIAN ADVENTURE - THE HISTRONAUTS

MISTO
Carta da fonti gestite in maniera responsabile
FSC® C021437

Finito di stampare nel mese di marzo 2019 da Esperia S.r.l. - Lavis (TN)